Rimas y animales

Dra. Cynthia Aquino

Copyright © 2021 by Dr. Cynthia Aquino
All rights reserved.
For information contact: bilinguallifelearning@gmail.com
ISBN: 978-1-7353719-3-1
Printed in the United States of America
February 2021

Introducción

Las rimas son sonidos vocálicos y/o consonánticos
que siguen un patrón en las palabras.
Este libro de rimas,
es una forma de ayudar a los lectores principiantes
a comprender patrones en la lectura
que les permitirá predecir y familiarizarse con las palabras.

La ardilla come semillas sentada en una silla.

La ballena comió cena y tiene la panza llena.

El cangrejo, que se llama Alejo, se está poniendo viejo.

El dinosaurio Hilario se la pasa leyendo el diario.

El elefante, muy elegante, es el comandante.

La foca, que se llama Coca, se sienta en una roca.

Tato, el gato, se pasea por un rato.

La hiena se llama Elena y se comió toda la cena.

Luana, la iguana, se comió una banana.

La jirafa Mustafa
toma té
y usa gafas.

La koala se llama Cala
y está vestida de gala.

Beatriz, la lombriz, se limpia la nariz.

Sache, el mapache, se cayó en un bache.

Caval, el narval, se está sintiendo mal.

Chamú, el ñandú, se comió un bambú.

El oso, perezoso, está haciendo reposo.

Tino, el pingüino, va cantando por el camino.

El quetzal se llama Rial y tomó un antigripal.

Ana, la rana, mira por la ventana.

Ramón, el salmón, le gusta mucho el limón.

El toro, Teodoro, escucha al coro.

La urraca

y la vaca

juegan

en la hamaca.

La vicuña refunfuña porque se quebró una uña.

El wapití
se fue para Haití
con su amiga
Itatí.

La xarda
se llama Narda
y siempre
se tarda.

La yegua
se llama Legua
y hoy se mordió
la lengua.

El zorro usó su ahorro para comprarse un gorro.

La autora:

La Dra. Cynthia Aquino es una autora y educadora que se enfoca en el desarrollo del vocabulario de los lectores a temprana edad. Ha trabajado como maestra bilingüe, instructora didáctica, administradora de escuela y recientemente como profesora adjunta preparando futuros maestros en el área de educación bilingüe.

www.ingramcontent.com/pod-product-compliance
Lightning Source LLC
LaVergne TN
LVHW072013060526
838200LV00059B/4666